DISCOURS

PRONONCÉ DANS L'ÉGLISE DE SIGOURNAIS

PAR

MONSEIGNEUR DE L'ESPINAY

PROTONOTAIRE APOSTOLIQUE

POUR LE

MARIAGE DE M. LE Vte A. DE L'ESPINAY

AVEC

Mlle MARIE BLANPAIN

8 JANVIER 1877

DISCOURS

POUR LE

MARIAGE DE M. LE Vte A. DE L'ESPINAY

AVEC

Mlle MARIE BLANPAIN

8 JANVIER 1877

Jeunes et chers époux,

Ce jour qui vous amène au pied de l'autel pour demander à la religion de sanctionner vos engagements, et de consacrer la foi que vos cœurs se sont promise, est un jour de fête pour tous ceux qui vous sont unis par les liens du sang ou de l'amitié. Aussi, tous forment-ils pour vous, en ce moment, ces vœux de bonheur que quelques-uns ne cessaient d'adresser à Dieu, depuis l'époque où vous vous êtes dit mutuellement l'un à l'autre : Je me donne à vous, et je vous accepte pour toujours.

Mais c'est également un jour de fête pour ceux de vos amis et de vos proches qui, du haut du ciel, contemplent cette cérémonie, et déposent dans le sein de Jésus et de sa divine mère des vœux plus purs et plus ardents encore.

Parmi ces âmes bienheureuses, il en est une surtout qui, après avoir vécu, quelques années, comme une sainte sur la terre, goûte aujourd'hui les joies de la patrie, et qui, les yeux fixés tour à tour sur ce sanctuaire et sur l'auteur de tous dons, sollicite avec ardeur les grâces les plus abondantes et les plus précieuses bénédictions pour l'ange terrestre destiné par le Seigneur à procurer, par ses attentions délicates d'épouse et sa sollicitude de mère, le bonheur des êtres qu'elle affectionnait le plus ici-bas.

Ce souvenir, mon cher enfant, dépouillé de tout ce qu'il pouvait avoir d'amer, vous sera d'un puissant secours dans les difficultés et les périls de la route qu'il faut parcourir pour aller recueillir le riche héritage réservé à l'époux dévoué et au père chrétien; car, plus heureux que Tobie, qui n'avait qu'un ange pour le conduire, vous en aurez deux : l'un près de Dieu qui vous assistera de ses prières, l'autre près de vous qui vous soutiendra par ses vertus et vous encouragera par ses exemples.

Avec ce double appui, il vous sera facile de remplir tous les devoirs que le sacrement de mariage vous impose, devoirs de tous les instants sans doute, mais qui répondent si bien aux désirs de votre volonté et au besoin de votre cœur. Que voulez-vous, en effet ? Qu'est-ce que votre cœur désire ?... Aimer votre jeune épouse de l'amitié la plus forte et la plus tendre; vous attacher à elle comme le lierre à l'arbre qu'il ne quitte qu'avec la vie; lui rester à jamais uni d'esprit et de cœur; l'entourer des soins les plus affectueux, lui témoigner la confiance la plus entière, le dévouement le plus absolu; travailler de concert avec elle à votre sanctification, pour aller à Dieu d'un pas égal, et arriver heureusement au même terme, c'est-à-dire au ciel... Voilà, en y ajoutant les soins donnés à vos chers enfants, qui retrouvent, en ce jour, une mère affectionnée, l'objet de tous vos désirs; et voilà aussi les obligations principales que vous aurez à remplir. Sans doute, il en est bien d'autres encore, mais rassurez-vous, la grâce du sacrement que vous allez recevoir vous accompagnera à tous les moments de votre existence, afin que ces obligations, que vous acceptez avec amour, soient fidèlement remplies, et que leur accomplissement devienne pour vous un sujet de joie pure et un gage de bonheur.

Vos obligations, ma chère enfant, ne sont ni moins étendues, ni moins importantes; mais, avant de vous les rappeler, laissez-moi vous dire combien est sincère l'accueil amical et si sympathique des parents de votre mari, qui seront heureux de vous en donner, en toutes circonstances, les plus affectueux témoignages. Ces témoignages, vous les recevrez d'abord de ses chers petits enfants, qui sont aujourd'hui les vôtres, et dont la tendresse filiale ne pourra être surpassée que par votre tendresse maternelle ; vous les recevrez de sa sœur et de son beau-frère dont le dévouement vous rappellera celui d'un frère et d'une belle-sœur dont le commerce intime vous était si doux ; vous les recevrez de son vieil oncle, qui se réjouit à la pensée qu'en bénissant votre mariage, il verra se resserrer les liens d'une amitié qui remonte presque à votre berceau ; ces sentiments seront ceux de tous les membres de votre nouvelle famille, dont il m'est interdit de vous rien dire, puisqu'elle est la mienne. A mesure, en effet, qu'ils vous connaîtront davantage, ils découvriront facilement en vous le complément des grâces extérieures, le signe d'une distinction naturelle, la bonté, qui vous conciliera de plus en plus leur attachement le plus cordial, attachement bien propre à adoucir pour vous l'amertume de la séparation d'un père, en qui nous aimons à reconnaître l'homme d'honneur, de fidélité, de foi sincère, et d'une mère dont la présence m'impose la plus grande réserve, et que je m'abstiendrai de louer, parce que son éloge se trouve dans ses bonnes œuvres, dans les fruits de son active charité, et aussi, je puis bien l'ajouter, dans les qualités nombreuses que nous remarquons en vous, et qui sont comme un reflet de celles qu'elle possède elle-même.

Ce serait maintenant un devoir pour moi de vous indiquer ceux que votre titre d'épouse chrétienne vous impose ; mais je laisse à saint Paul le soin de vous en instruire. « Femme, dit l'Apôtre, soyez soumise à votre mari ; et vous, mari, ajoute-t-il aussitôt, aimez votre femme ; aimez-la de l'amitié la plus constante. » Sainte et délicieuse doctrine, qui greffe, pour ainsi dire, la soumission sur l'amitié ! soumission qui vous paraîtra d'autant plus naturelle et plus douce, que votre mari, j'en suis sûr, n'aura pas d'autres désirs que de pressentir les vôtres, afin de les prévenir.

Veiller sur votre maison, prendre soin de ceux qui l'habitent, voilà un autre devoir que saint Paul prescrit aux chefs de famille, et qu'il leur prescrit dans les termes les plus énergiques et les plus formels. Mais ce devoir encore n'aura pour vous rien de nouveau, rien de pénible ; car, outre qu'il est comme un usage traditionnel, et dans la maison où se sont écoulées vos jeunes années, et dans celle où vous allez vous rendre, vous possédez éminemment ce qui peut en rendre la pratique facile : pour les soins temporels, la bonté et la douceur ; pour ceux d'un ordre plus élevé, une foi vive et une aimable piété.

Tous vos autres devoirs découlent, pour ainsi dire, comme de leur source, de ces deux enseignements de l'Apôtre. Observez-les fidèlement, et alors vous serez l'ange de votre maison, dont vous bannirez tout ce qui pourrait en altérer la paix; vous serez la joie de votre mari, dont vous embellirez l'existence par vos soins affectueux, vos attentions délicates, vos aimables prévenances; vous posséderez l'affection de vos serviteurs, qui reconnaîtront vos bons soins par un attachement devenu malheureusement trop rare; vous serez la providence des indigents, qui, dans leur reconnaissance, confondront votre nom avec celui de votre mari, et prieront Dieu de vous bénir.

Dans ce jour, jeunes époux, où tous ceux qui vous sont dévoués ne veulent éprouver d'autre sentiment que la confiance, dois-je vous parler des peines dont les unions, même les plus heureuses, ne sont pas complétement exemptes? Ah! sans doute, s'il suffisait de prières pour vous en défendre, je ne vous parle pas des miennes, j'en sais d'autres qui, pour atteindre ce but, seraient assez ferventes; mais, vous ne l'ignorez pas, il n'est point ici-bas pour l'homme de bonheur sans mélange. Vous aurez donc vos douleurs, comme nous avons les nôtres; ou plutôt, les nôtres s'en augmenteront, sans pouvoir vous soulager.

Mais, au milieu des épreuves que le Seigneur semble

tenir en réserve pour les âmes qui lui sont le plus chères, afin de leur montrer que cette vie n'est qu'un passage, un exil où il faut gémir, vous trouverez de véritables consolations dans votre amitié réciproque, dans l'affection de vos parents, dans les exercices de la piété, dans la pratique des vertus chrétiennes; car, alors, la religion soulèvera au dessus de vos cœurs, pour qu'ils n'en soient pas trop accablés, ce fardeau d'obligations parfois pénibles qu'entraîne à sa suite la dignité de chef de famille, à peu près comme autrefois on étendait sur la tête des époux un voile, emblème sacré du joug du mariage, dont ils s'apercevaient à peine, et dont tout le poids était pour ceux de leurs amis chargés de le soutenir.

C'est, mes chers enfants, ce que je demanderai pour vous à Notre-Seigneur, lorsque, dans quelques instants, il descendra entre mes mains sur cet autel.

Aussi bien, il y a plusieurs mois que je le prie de répandre sur vous l'abondance de ses grâces, et que je le conjure, par sa tendre inclination pour les saints mariages, qui l'a porté à faire son premier miracle, de venir présider lui-même à cette fête.

Unissez donc vos prières à celles qui, de tous les cœurs, vont monter vers le trône de Dieu pour faire descendre dans les vôtres ses grâces célestes, qui vous soient, jusqu'à la fin de votre vie, une source toujours abondante et toujours vive de paix, de joie sainte, d'amitié sincère, de force dans les épreuves, de persévérance dans la pratique de tous les devoirs.

O Marie! daignez joindre vos bénédictions aux bénédictions de l'Église! Prenez ces jeunes époux sous votre protection maternelle, afin qu'ils vivent heureux dans l'amour de votre divin Fils, et pour que leur union, longtemps et saintement continuée sur la terre, puisse se perpétuer éternellement au ciel! Ainsi soit-il.

www.ingramcontent.com/pod-product-compliance
Lightning Source LLC
Chambersburg PA
CBHW061620040426
42450CB00010B/2581